BEI GRIN MACHT SICH IHR WISSEN BEZAHLT

- Wir veröffentlichen Ihre Hausarbeit,
  Bachelor- und Masterarbeit

- Ihr eigenes eBook und Buch -
  weltweit in allen wichtigen Shops

- Verdienen Sie an jedem Verkauf

Jetzt bei www.GRIN.com hochladen
und kostenlos publizieren

Trainingslehre II. Erstellung eines Ausdauertrainingsplans mit Hilfe des Hollmann-Venrath-Tests

Anna-Lina Krause

Bibliografische Information der Deutschen Nationalbibliothek:

Die Deutsche Nationalbibliothek verzeichnet diese Publikation in der Deutschen Nationalbibliografie; detaillierte bibliografische Daten sind im Internet über http://dnb.d-nb.de abrufbar.

ISBN: 9783346308610
Dieses Buch ist auch als E-Book erhältlich.

© GRIN Publishing GmbH
Nymphenburger Straße 86
80636 München

Druck und Bindung: Books on Demand GmbH, Norderstedt Germany
Gedruckt auf säurefreiem Papier aus verantwortungsvollen Quellen

Das Buch bei GRIN: https://www.grin.com/document/960988

Deutsche Hochschule für
Prävention und Gesundheitsmanagement
Hermann Neuberger Sportschule 3
66123 Saarbrücken

Einsendeaufgabe

Fachmodul: Trainingslehre II

Studiengang: Fitnessökonomie

Datum
Präsenzphase: 08.06. – 11.06.2020

Name, Vorname: Krause, Anna-Lina

Studienort: **Köln**

Semester: **SS 2019**

Inhaltsverzeichnis

1 Diagnose

1.1 Allgemeine und biometrische Daten

Bei einem Eingangsgespräch wurden alle relevanten Daten der Probandin erfasst. Mit Hilfe verschiedener Tests wurden zudem die biometrischen Daten ermittelt. Diese bilden die Grundlage der Trainingsplanung und ermöglichen eine Einschätzung der Testperson im Hinblick auf ihre Trainierbarkeit. Eventuelle Risiken können so ausgeschlossen werden. Eine Aufstellung der Daten findet sich in der nachfolgenden Tabelle.

Tabelle 1: Allgemeine und biometrische Daten der Probandin

Alter	21 Jahre		
Geschlecht	Weiblich		
Körpergröße	1,73cm		
Körpergewicht	67kg		
Berufliche Tätigkeit	Duale Fitnessökonomie Studentin; aktiver Alltag		
Trainingsmotive	Ausdauer verbessern, definierter aussehen, sucht eine neue sportliche Herausforderung		
Frühere sportliche Aktivitäten	Hat 2 Jahre Handball im Verein gespielt mit 2 Trainingseinheiten á 90min pro Woche. Ist in unregelmäßigen Abständen joggen gegangen. Circa 1-2-mal pro Monat für 30min.		
Aktuelle sportliche Aktivitäten	Betreibt Krafttraining seit 5 Jahren mit 3-5 Trainingseinheiten á 60min pro Woche. Absolviert seit einem Jahr einmal pro Woche eine Laufeinheit (60min) auf dem Laufband nach Gefühl.		
Zeitlicher Verfügungsrahmen	3-4 Tage pro Woche für max. 240min		
Body-Mass-Index (BMI)	22,39kg/m2	Normwerte für Normalgewicht bei Frauen: 18,5-24,9kg/ m2 (WHO, 2000)	Das Gewicht der Probandin liegt exakt im Durchschnitt und ist positiv zu bewerten.
Körperfettanteil (mittels bioelektrischer Impendanzanalyse)	27%	Normwerte für Frauen zwischen 20-39 Jahren: 21-33% (Gallagher, et al., 2000).	Der Anteil an Körperfett liegt noch im Normalbereich für Frauen in ihrem Alter.
Blutdruck (mittels Blutdruckmessgerät)	112/75 mmHg	Normwerte nach WHO siehe Abbildung 1	Der Blutdruck liegt im optimalen Bereich. Ihr Cardio-pulmonales System ist in einem guten Zustand.
Ruhepuls (mittels Blutdruckmessgerät)	58 Schläge/ min	Normwerte für Erwachsene: 60-80 Schläge/ Minute (Weineck, 2003, S. 50)	Der Ruhepuls deutet ebenfalls auf einen sehr guten Trainingszustand der Probandin hin.
Allgemeiner Gesundheitszustand	Keine aktuellen gesundheitlichen Einschränkungen, keine ärztliche Behandlung, keine Einnahme von Medikamenten. Die Probandin ist eine normal leistungsfähige junge Frau.		
Leistungsstufe	Fortgeschritten		

Klassifikation	Systolisch (mmHg)	Diastolisch (mmHg)
Optimaler Blutdruck	< 120	< 80
Normaler Blutdruck	120-129	80-84
Hoch-normaler Blutdruck	130-139	85-90
Milde Hypertonie (Stufe 1)	140-159	90-99
Mittlere Hypertonie (Stufe 2)	160-179	100-109
Schwere Hypertonie (Stufe 3)	≥ 180	≥ 110

Abbildung 1: Einteilung der Blutdruckwerte laut WHO (eigene Darstellung)

1.2 Leistungsdiagnostik/ Ausdauertestung

Ein wichtiger Bestandteil der Trainingsplanung ist die Leistungsdiagnostik mittels ausgewählter ergometrischer Testverfahren. Ergometrie bedeutet Leistungsmessung. Sie ist das Verfahren zur Messung der Ausdauerleistungsfähigkeit, also des maximal möglichen Energieumsatzes zur ATP-Resynthese (Springer, 2005, S. 299). Hierdurch lässt sich zu Beginn die Leistung der Kundin einschätzen. Außerdem bildet der Test die Grundlage für sogenannte Re-Tests. Diese sollten in regelmäßigen Abständen erfolgen und machen Trainingsfortschritte der Testperson mess- und vergleichbar. Daher erfolgt Ergometrie stets mit einer definierten Belastung. Sie sollte zudem reproduzierbar, dosierbar, vergleichbar und objektiv sein (Löllgen, 2009, S. 4). Um einen Test auf geeignetem Leistungsniveau durchzuführen besteht die Wahl zwischen verschiedenen Verfahren. Bei der Testperson wurde der Hollmann-Venrath-Test auf dem Fahrradergometer durchgeführt. Weitere mögliche Fahrradergometertests wären unter anderem der WHO-Test für leistungsschwächere Personen sowie der Vita-Maxima-Test für gut trainierte Sportler.

1.2.1 Begründung der Auswahl eines geeigneten Testverfahrens

Der Hollmann-Venrath-Test eignet sich am besten zur Leistungsdiagnostik der Probandin. Mit Hilfe ihrer allgemeinen und biometrischen Daten kann ihre Leistungsfähigkeit als durchschnittlich bis gut eingestuft werden. Bei den anderen beiden oben genannten Testverfahren besteht das Risiko, dass es zu keiner maximalen Ausbelastung oder zu einer physischen und psychischen Überforderung kommt. Daher kommen diese beiden Testverfahren für die Probandin nicht in Frage. Als durchschnittlich bis gut trainierte Person gehört sie zur Zielgruppe des Hollmann-Venrath-Tests. Durch das regelmäßige Kraft-

und Lauftraining der letzten Jahre (siehe Tab. 1) weist sie ein gut trainiertes Cardiopulmonales System auf. Erkennbar ist dies vor allem an Ihren Blutdruckwerten welche im normalen Bereich liegen (siehe Tab. 1). Vor allem der Ruhepuls der Testperson entspricht mit 58 Schlägen pro Minute dem einer trainierten Person (siehe Tab.1).

1.2.2 Testverlauf

Es folgt eine tabellarische Dokumentation aller testrelevanten Parameter sowie des Testprotokolls.

Tabelle 2: Hollmann-Venrath-Test

Hollmann-Venrath-Test			
Testrelevante Parameter			
Geschlecht	weiblich	Eingangsbelastung	30 Watt
Alter	21 Jahre	Belastungssteigerung	40 Watt
Gewicht	67kg	Stufendauer	3 min
Ruhepuls	58 S/ min	Trittfrequenz	60-80 U/ min
Leistungsstufe	Fortgeschritten	Pulsobergrenze	168 S/ min (180-LA) (Rost, 2002, S. 57)
Testprotokoll			
Zeit	Belastung	Herzfrequenz 1	Herzfrequenz 2	Herzfrequenz 3
1-3 min	30 Watt	99 S/ min	103 S/ min	103 S/ min
4-6 min	70 Watt	119 S/ min	119 S/ min	125 S/ min
7-9 min	110 Watt	138 S/ min	144 S/ min	148 S/ min
10-12 min	150 Watt	160 S/ min	168 S/ min	173 S/ min
13-15 min	190 Watt	Test beendet		
16-18 min	230 Watt	Test beendet		
Auswertung			
Belastung	150 Watt		
Testgröße	150 Watt/ 67kg = 2,24 Watt/ kg Körpergewicht		

1.2.3 Bewertung der Testergebnisse

Die Testdauer betrug zwölf Minuten. In der elften Minute erreichte die Probandin die Pulsobergrenze von 168 S/ min. Die erreichte Wattstufe wurde bis zum Ende der zwölften Minute durchfahren. Anschließend wurde der Test beendet. Die Wattleistung der zuletzt gefahrenen Belastungsstufe bei Erreichen der definierten Pulsobergrenze liegt bei 150 Watt. Hieraus ergibt sich eine relative Watt-Soll-Leistung von 2,24 Watt/ kg Körpergewicht (150 Watt/ 67kg). Laut Normtabelle für submaximale Radergometertests lässt sich die Ausdauerleistungsfähigkeit der Probandin nun als überdurchschnittlich gut einstufen (siehe Abbildung 2). Die zuvor stattgefundene Einschätzung ihrer Leistungsstufe war also zutreffend.

Alter / Intensität	< 30	30-34	35-39	40-44	45-49	50-54	55-59	>60	Bewertung
0,50	1,15	1,09	1,04	0,98	0,92	0,86	0,81	0,75	⊗⊗
0,51	1,2	1,14	1,08	1,02	0,96	0,90	0,84	0,78	⊗⊗
0,52	1,25	1,19	1,13	1,06	1,00	0,94	0,88	0,81	⊗⊗
0,53	1,3	1,24	1,17	1,11	1,04	0,98	0,91	0,85	⊗⊗
0,54	1,35	1,28	1,22	1,15	1,08	1,01	0,95	0,88	⊗⊗
0,55	1,40	1,33	1,26	1,19	1,12	1,05	0,98	0,91	⊗
0,56	1,45	1,38	1,31	1,23	1,16	1,09	1,02	0,94	⊗
0,57	1,50	1,43	1,35	1,28	1,20	1,13	1,05	0,98	⊗
0,58	1,55	1,47	1,40	1,32	1,24	1,16	1,09	1,01	⊗
0,59	1,60	1,52	1,44	1,36	1,28	1,20	1,12	1,04	⊗
0,6	1,70	1,62	1,53	1,45	1,36	1,28	1,19	1,11	∅
0,61	1,80	1,71	1,62	1,53	1,44	1,35	1,26	1,17	∅
0,62	2,00	1,90	1,80	1,70	1,60	1,50	1,40	1,30	∅
0,63	2,10	2,00	1,89	1,79	1,68	1,58	1,47	1,37	☺
0,64	2,30	2,19	2,07	1,96	1,84	1,73	1,61	1,50	☺
0,65	2,40	2,28	2,16	2,04	1,92	1,80	1,68	1,56	☻
0,66	2,60	2,47	2,34	2,21	2,08	1,95	1,82	1,69	☺☺
0,67	2,80	2,66	2,52	2,38	2,24	2,10	1,96	1,82	☺☺
0,68	3,00	2,85	2,70	2,55	2,40	2,25	2,10	1,95	☺☺
0,69	3,20	3,04	2,88	2,72	2,56	2,40	2,24	2,08	☺☺
0,70	3,40	3,23	3,06	2,89	2,72	2,55	2,38	2,21	☻☻

∅ = Normwerte für eine untrainierte Person nach der Zweidrittel-Leistung (Zweidrittel der zu erbringenden relativen Watt-Soll-Leistung des Vita-Maxima-Tests)
Intensität = Intensitätsfaktor zur Berechnung der empfohlenen Trainingsherzfrequenz

Abbildung 2: Normtabelle für submaximale Radergometertests – Relative Watt-Soll-Leistung (Watt pro kg) bei Frauen (IPN, 2004, S. 8)

1.3 Gesundheits- und Leistungsstatus der Person

Im Hinblick auf die Belastbarkeit und Trainierbarkeit der Probandin bestehen keinerlei gesundheitliche Einschränkungen. Wie man Tabelle 1 entnehmen kann befindet sich die Testperson nicht in ärztlicher- oder medikamentöser Behandlung und ist laut ergometrischem Testverfahren gut belastbar. Ihre biometrischen Daten wie BMI, Körperfettanteil, Blutdruck und Ruhepuls (siehe Tab. 1) liegen alle im durchschnittlich- bis überdurchschnittlich guten Bereich und bestätigen dieses Ergebnis.

2 Zielsetzung/Prognose

Um eine erfolgreiche Trainingsplanung aufzustellen ist es wichtig genau definierte Ziele zu haben. Die Probandin soll hierdurch fortlaufend motiviert und geführt werden. Zu Beginn der Trainingsplanung hatte die Testperson ihre Ziele nicht klar vor Augen, sondern viel mehr Motive. Mit Hilfe dieser Motive wurden gemeinsam Trainingsziele mit Inhalt, Ausmaß und Zeit definiert. Die daraus entstandenen Hauptziele werden in der untenstehenden Tabelle veranschaulicht.

Tabelle 3: Zielsetzung und Begründung

	Inhalt	Ausmaß	Zeit
1. Ziel:	Senkung des Körperfettanteils	-5% Körperfettanteil	6 Monate
Begründung:	Der Körperfettanteil der Probandin liegt mit 27% im oberen Bereich der Normalwerte (siehe Tab. 1). Da sie sich ein stärker definiertes Erscheinungsbild wünscht wird neben der Ernährung auch ihr Ausdauertraining auf eine Reduktion des Körperfettanteils angepasst.		
	Inhalt	Ausmaß	Zeit
2. Ziel:	Leistungssteigerung der Watt-Soll-Leistung	Von 2,24 Watt/ kg Körpergewicht zu 2,84 Watt/ kg Körpergewicht. Erhöhung um ≥0,6 Watt/ kg Körpergewicht.	3 Monate
Begründung:	Die Probandin wünscht eine verbesserte Ausdauerleistungsfähigkeit. Sie möchte den Hollmann-Venrath-Test mit einer besseren Watt-Soll-Leistung absolvieren können und laut IPN (siehe Abbildung 2) als sehr gut eingestuft werden.		
	Inhalt	Ausmaß	Zeit
3. Ziel:	Ruhepuls senken	3 S/ min weniger	6 Wochen
Begründung:	Da die Testperson sehr ehrgeizig ist hat sie sich als drittes Ziel die Senkung des Ruhepulses ausgesucht. Grund hierfür sind einerseits die Herausforderung an sich und andererseits die positiven und präventiven gesundheitlichen Aspekte eines niedrigen Ruhepulses auf den Organismus.		

3   Trainingsplanung Mesozyklus

3.1   Grobplanung Mesozyklus

In der folgenden Tabelle ist die Grobplanung des Mesozyklus dargestellt, welcher für die Probandin erstellt wurde.

Tabelle 4: Grobplanung des Mesozyklus

Mesozyklus	
Dauer	6 Wochen
Übergeordnetes Trainingsziel	Senkung des Körperfettanteils
Belastungsumfang/ Woche	140-240 Minuten
Trainingsmethode(n)	- extensive Dauermethode
	- intensive Dauermethode
	- variable Dauermethode
Belastungsintensität(en)	- 50-60% Hf_{max} (regenerative DM)
	- 60-75% Hf_{max} (extensive DM)
	- 75-90% Hf_{max} (intensive DM)
	- 60-80% Hf_{max} (variable DM)
Trainingshäufigkeit/ Woche	3-4 -mal
Trainingsdauer/ Trainingseinheit	- 30-40 min (regenerative DM)
	- 45-70 min (extensive DM)
	- 30-35 min (intensive DM)
Ausdauertrainingsgeräte	Laufband, Laufen Outdoor

3.2   Detailplanung Mesozyklus

Die untenstehende Tabelle zeigt die detaillierte Mesozyklusplanung der Probandin. Die Angegebenen Trainingsintensitäten wurden mit Hilfe der ACSM-Formel berechnet (siehe Abbildung 3).

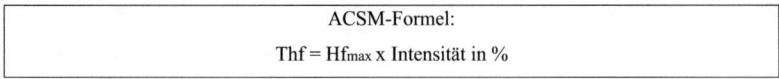

ACSM-Formel:

$Thf = Hf_{max} \times$ Intensität in %

Abbildung 3: ACSM-Formel zur Berechnung der Trainingsherzfrequenz (ACSM, 2006a)

Tabelle 5: Detailplanung des Mesozyklus

Woche 1	Mo	Mi	Fr	So
Trainingsziel	Aufbau und Stabilisierung GA1	Entwicklung GA2	Aufbau und Stabilisierung GA1	
Trainingsmethode	Extensive DM	Intensive DM	Extensive DM	
Trainingsintensität	60-70% Hf$_{max}$	75-85% Hf$_{max}$	60-70% Hf$_{max}$	
Trainingsherzfrequenz	119-139 S/ min	149-169 S/ min	119-139 S/ min	
Trainingsdauer	60 min	20 min	60 min	
Trainingsgerät	Laufband	Laufband	Laufen Outdoor	
Woche 2	**Mo**	**Mi**	**Fr**	**So**
Trainingsziel	Aufbau und Stabilisierung GA1	Entwicklung GA2	Aufbau und Stabilisierung GA1	Aufbau und Stabilisierung GA1
Trainingsmethode	Extensive DM	Intensive DM	Extensive DM	Extensive DM
Trainingsintensität	60-70% Hf$_{max}$	75-85% Hf$_{max}$	60-70% Hf$_{max}$	60-70% Hf$_{max}$
Trainingsherzfrequenz	119-139 S/ min	149-169 S/ min	119-139 S/ min	119-139 S/ min
Trainingsdauer	60 min	20 min	60 min	60 min
Trainingsgerät	Laufband	Laufband	Laufen Outdoor	Laufband
Woche 3	**Mo**	**Mi**	**Fr**	**So**
Trainingsziel	Aufbau und Stabilisierung GA1	Entwicklung GA2	Aufbau und Stabilisierung GA1	Aufbau und Stabilisierung GA1
Trainingsmethode	Extensive DM	Intensive DM	Extensive DM	Extensive DM
Trainingsintensität	60-70% Hf$_{max}$	75-85% Hf$_{max}$	60-70% Hf$_{max}$	60-70% Hf$_{max}$
Trainingsherzfrequenz	119-139 S/ min	149-169 S/ min	119-139 S/ min	119-139 S/ min
Trainingsdauer	60 min	30 min	60 min	80 min
Trainingsgerät	Laufband	Laufband	Laufen Outdoor	Laufband
Woche 4	**Mo**	**Mi**	**Fr**	**So**
Trainingsziel	Aufbau und Stabilisierung GA1	Entwicklung GA2	Aufbau und Stabilisierung GA1	Aufbau und Stabilisierung GA1
Trainingsmethode	Extensive DM	Intensive DM	Extensive DM	Variable DM
Trainingsintensität	60-70% Hf$_{max}$	75-85% Hf$_{max}$	60-70% Hf$_{max}$	60-80% Hf$_{max}$ 60-75% (extensiv) 75-80% (intensiv)
Trainingsherzfrequenz	119-139 S/ min	149-169 S/ min	119-139 S/ min	119-149 S/ min (ex.) 149-159 S/ min (int.)
Trainingsdauer	60 min	30 min	80 min	40 min
Trainingsgerät	Laufband	Laufband	Laufen Outdoor	Laufband
Woche 5	**Mo**	**Mi**	**Fr**	**So**
Trainingsziel	Aufbau und Stabilisierung GA1	Entwicklung GA2	Aufbau und Stabilisierung GA1	Aufbau und Stabilisierung GA1
Trainingsmethode	Extensive DM	Intensive DM	Extensive DM	Variable DM
Trainingsintensität	60-70% Hf$_{max}$	75-85% Hf$_{max}$	60-70% Hf$_{max}$	60-80% Hf$_{max}$ 60-75% (extensiv) 75-80% (intensiv)
Trainingsherzfrequenz	119-139 S/ min	149-169 S/ min	119-139 S/ min	119-149 S/ min (ex.) 149-159 S/ min (int.)
Trainingsdauer	80 min	40 min	80 min	40 min

Trainingsgerät	Laufband	Laufband	Laufen Outdoor	Laufband
Woche 6	**Mo**	**Mi**	**Fr**	**So**
Trainingsziel	Aufbau und Stabilisierung GA1	Entwicklung GA2	REKOM	Aufbau und Stabilisierung GA1
Trainingsmethode	Extensive DM	Intensive DM	Extensive DM	Variable DM
Trainingsintensität	65-75% Hf_{max}	80-90% Hf_{max}	50-60% Hf_{max}	60-80% Hf_{max} 60-75% (extensiv) 80-85% (intensiv)
Trainingsherzfrequenz	129-149 S/ min	159-179 S/ min	100-119 S/ min	119-149 S/ min (ex.) 149-159 S/ min (int.)
Trainingsdauer	80 min	40 min	40 min	40 min
Trainingsgerät	Laufband	Laufband	Laufen Outdoor	Laufband

3.3 Begründung zum Mesozyklus

Im Folgenden werden die grundlegenden Gedanken hinter der Planung dieses Mesozyklus genauer dargelegt. Die gesamte Planung orientiert sich vor allem am Gesundheits-Optimalprogramm (Zintl & Eisenhut, 2001) sowie den Trainingsprinzipien im Ausdauertraining. Hierdurch soll eine gewisse Effektivität des Trainings gewährleistet werden.

3.3.1 Begründung zum angestrebten wöchentlichen Belastungsumfang

Der wöchentliche Belastungsumfang wird in der folgenden Tabelle veranschaulicht.

Tabelle 6: Wöchentlicher Belastungsumfang

Woche	1	2	3	4	5	6
Einheiten/ Woche	3	4	4	4	4	4
Zeit	140 min	180 min	230 min	210 min	240 min	200 min

Bei der Planung des wöchentlichen Belastungsumfanges wurde der zeitliche Verfügungsrahmen der Probandin von maximal 240 min/ Woche (siehe Tab.1) berücksichtigt. Wie sich Tabelle 6 entnehmen lässt beträgt der wöchentliche Belastungsumfang des Mesozyklus zwischen 140-230 min/ Woche, da dieser laut Zintl und Eisenhut (2001) optimaler Weise bei einer Dauer von 180-240 min/ Woche liegen sollte. Auch das Minimum von mindestens drei Trainingseinheiten pro Woche wird eingehalten (Zintl & Eisenhut, 2001). Der Belastungsumfang in Woche eins fällt mit 140 min/ Woche etwas geringer aus und

10

dient als Eingewöhnungsphase da die Testperson vorher noch kein umfangreiches Aus-dauertraining betrieben hat. In Woche sechs nimmt der wöchentliche Belastungsumfang etwas ab was sich dadurch begründen lässt, dass die Belastungsintensität in dieser Woche erhöht und dadurch eine REKOM-Einheit mit geringerem Umfang eingeführt wurde.

3.3.2 Begründung zu den ausgewählten Trainingsmethoden

3.3.2.1 extensive Dauermethode (eDM)

Hauptbestandteil des Mesozyklus ist die extensive Dauermethode. Das Trainingsziel die-ser Methode ist der Aufbau und die Stabilisierung der Grundlagenausdauer 1 (GA1) (Neumann & Hottenrott, 2002). Durch die geringere Belastungsintensität und den langen Belastungszeitraum wird im Körper kaum überschüssiges Laktat produziert. Ein solches Training unterhalb der aeroben Schwelle führt zu physiologischen Anpassungen wie der Ökonomisierung der Herz-Kreislauf-Arbeit, der Verbesserung des Fettstoffwechsels so-wieso der Absenkung der Ruheherzfrequenz (Zintl & Eisenhut, 2001). Betrachtet man nun die Trainingsziele der Probandin in Tabelle 3 wird die Wichtigkeit dieser Methode im Hinblick auf die Zielerreichung ersichtlich.

3.3.2.2 intensive Dauermethode (iDM)

Mit Hilfe der intensiven Dauermethode soll die Grundlagenausdauer 2 (GA2) der Pro-bandin verbessert werden. Es handelt sich hierbei um eine Trainingsmethode in aerober Stoffwechsellage (Neumann, Pfützner, & Berbalk, 2007). Im Vergleich zur eDM ist die Belastungsintensität höher und die Belastungsdauer geringer. Auf Grund der hohen In-tensität ist der Kalorienverbrauch bei dieser Methode relativ hoch und begünstigt somit die Körperfettreduktion der Testperson.

3.3.2.3 variable Dauermethode (vDM)

In Woche vier findet sich erstmals die variable Dauermethode (siehe Tab. 5). Zuvor wurde an diesem vierten Trainingstag in der Woche mit der eDM trainiert und ist somit als Intensitätssteigerung zu verstehen. Diese Mischform der ersten beiden Methoden för-dert die Stabilisierung der GA1 und findet zwischen der aeroben- und anaeroben Schwelle statt. Der planmäßige Wechsel von höheren und niedrigeren Belastungsintensitäten führt zu Anpassungen des Herz-Kreislauf-Systems, verbesserter Laktatkompensation und regt den Stoffwechsel an. Diese Anpassungen kommen der Testperson, welche ihre Ausdau-erleistungsfähigkeit verbessern möchte (siehe Tab. 5), zu Gute.

11

3.3.3 Begründung zur Belastungsprogression

Wie zu Beginn bereits erwähnt existieren verschiedene Trainingsprinzipien im Ausdauertraining. Das Prinzip der progressiven Belastungssteigerung im Ausdauertraining sollte laut Zintl und Eisenhut (2001) folgendem Schema entsprechen: Trainingshäufigkeit vor Umfang vor Intensität. Die Belastungsprogression im Mesozyklus der Probandin erfolgt wöchentlich (siehe Tab. 5). Nach Woche eins wird zunächst die Trainingshäufigkeit von drei auf vier Trainingstage erhöht. Im Anschluss an Woche zwei wird an zwei Trainingstagen der Belastungsumfang gesteigert. Da ein hoher Kalorienverbrauch während des Trainings für die Testperson von großer Bedeutung ist wird bereits nach Woche drei die Intensität erhöht. Dies erfolgt wie zuvor bereits erwähnt mittels Methodenwechsel. Am Ende der vierten Woche wird erneut der Belastungsumfang an zwei von vier Trainingstagen gesteigert. In Woche sechs wird ein letztes Mal an drei von vier Tagen die Intensität erhöht.

3.3.4 Begründung zu den angesteuerten Trainingsbereichen

Anhand verschiedener Belastungsintensitäten lässt sich das Ausdauertraining in vier verschiedene Bereiche unterteilen (Zintl & Eisenhut, 2001). Für das gesundheits- und fitnessorientierte Ausdauertraining sind der Grundlagenausdauerbereich 1 (GA1), Grundlagenausdauerbereich 2 (GA2) und der Regenerations- und Kompensationsbereich (RE-KOM) relevant. Alle dieser drei Trainingsbereiche finden sich im Mesozyklus der Testperson wieder (siehe Tab. 5). Mittels der GA1 wird die Grundlagenausdauer aufgebaut, stabilisiert und die aerobe Leistungsfähigkeit erhöht. Laut Neumann et al. (2007) sollte dieser Bereich daher prozentual den größten Anteil des Trainings ausmachen. Als Trainingsmethode dient hier vor allem die extensive Dauermethode (Hottenrott, 2006) welche von Beginn an im Mesozyklus zu finden ist. Der GA2 stellt den zweit größten der drei Bereiche dar. Er dient zur (Weiter-) Entwicklung der Grundlagenausdauer und unterstützt die Erhöhung der aerob-anaeroben Leistungsfähigkeit (Hottenrott, 2006). Als Trainingsmethode ist die intensive Dauermethode auf Grund des hohen Kalorienverbrauches besonders geeignet für die Testperson. Der Bereich der GA2 findet sich somit von Beginn an im Mesozyklus wieder, da die angewendete Trainingsmethode essentiell für die Erreichung des Hauptziels der Probandin ist. Der Trainingsbereich des REKOM-Trainings findet sich in der sechsten Trainingswoche (siehe Tab. 5). Da die Trainingsintensität in Woche sechs nochmal erhöht wird, wird eine REKOM-Einheit eingeführt. Diese dient der Probandin zur aktiven Regeneration und soll die Belastbarkeit für nachfolgende intensive Trainingseinheiten erhöhen (Hottenrott, 2006). Sie trainiert hier ebenfalls mit der extensiven Dauermethode.

3.3.5 Begründung der ausgewählten Ausdauergeräte bzw. Bewegungsformen

Die Wahl des Ausdauergerätes und der Bewegungsform richtet sich stark nach den Wünschen sowie dem Gesundheitszustand der Kundin. Da sie in der Vergangenheit ihr Ausdauertraining am liebsten in Form eines Lauftrainings absolviert hat (siehe Tab. 1) wurde das Laufen als primäre Bewegungsform gewählt. Das Training der Probandin findet überwiegend auf dem Laufband statt. Eine Trainingseinheit pro Woche geht die Testperson draußen Laufen. Die Probandin nutzt diese Einheit zum Stressabbau. Wie man Tabelle 1 entnehmen kann ist die Testperson gesundheitlich in Topform und es bestehen keinerlei gesundheitliche Einschränkungen, die gegen diese Bewegungsform sprechen.

Vorteile des Laufens sind unter anderem die Einfachheit der Durchführung, die hohe cardiopulmonale Beanspruchung und vor allem der große Anteil eingesetzter Muskelmasse. Hierdurch werden beim Laufen mehr Kalorien verbrannt als bei allen anderen Ausdauergeräten (Reim, 2001).

4 Literaturrecherche

Tabelle 7: Literaturrecherche zum Thema: Effekte des Ausdauertrainings bei Fettstoffwechselstörungen

Studie 1	Studie 2
Titel der Studie	
„Adipokine in Abhängigkeit von Körperkomposition und Fettgewebsdistribution bei Adipositas eine sportmedizinische Wirkanalyse von Kraft- vs. Ausdauertraining"	„Effekte von Ausdauer- und Krafttraining auf anthropometrische, metabolische und motorische Parameter bei adipösen Kindern und Jugendlichen innerhalb eines einjährigen Adipositas-Therapieprogramms Eine Machbarkeitsstudie"
Wer hat die Studie durchgeführt und wann wurde sie publiziert?	
Sebastian Mäuerle, 2006	Dipl.-Sportl. Mario Wagner, 2019
Mit welchen Versuchspersonen wurde die Studie durchgeführt?	
Teilnehmer waren 66 adipöse Probanden (33 Männer, 33 Frauen) im Alter zwischen 18 und 67 Jahren mit einem BMI zwischen 28-44 kg/ m2. Ein weiteres Inklusionskriterium war eine Sportabstinenz in den letzten 6 Monaten vor Studienbeginn sowie eine ärztlich attestierte Sporttauglichkeit. Das durchschnittliche Gewicht der Probanden beträgt 101,9 ± 17,3 kg und der BMI lag im Mittel bei	Teilnehmer waren 42 Kinder und Jugendliche im Alter zwischen 8 und 17 Jahren mit einem BMI > 97. Perzentile (Wagner, 2019, S. 37).

33,9 ± 4 kg/ m2. 14 Probanden schieden aus diversen Gründen aus (Mäuerle, 2006, S. 42).

Wie sah der Versuchsaufbau der Studien aus?

- Die 52 Probanden wurden zufällig in zwei Gruppen unterteilt:
  1. Kraftgruppe
     (25 Teilnehmer)
  2. Ausdauergruppe
     (27 Teilnehmer)

Im Kontext der Aufgabenstellung wird ab dieser Stelle überwiegend auf die 2. Gruppe Bezug genommen.

- Der Interventionszeitraum der Studie erstreckte sich insgesamt über 16 Wochen (Mäuerle, 2006, S. 43).
- Aus organisatorischen Gründen wurden beide Gruppen jeweils zweigeteilt. Der Trainingsbeginn der zweigeteilten Gruppen erfolgte zeitversetzt (Mäuerle, 2006, S. 43).
- Zu Beginn der Intervention fanden Untersuchungen statt, um eine Vielzahl an Parametern zu messen. Dieselben Parameter wurden mittels derselben Untersuchungen am Ende der Intervention gemessen (Mäuerle, 2006, S. 43). Die Ausdauerleistungsfähigkeit wurde zu Beginn und am Ende der Intervention spiroergometrisch über einen Ergometerstufentest bis zur Ausbelastung bestimmt (Mäuerle, 2006, S. 55).
- Ausgeschlossen von der Intervention war eine Ernährungs- und Verhaltensumstellung (Mäuerle, 2006, S. 58).
- Die Probanden der Ausdauertrainingsgruppe absolvierten 3-mal pro Woche ein Training auf verschiedenen Ergometern (Laufband, Crosstrainer, Fahrrad). Betreut wurden die Trainierenden von zwei ausgebildeten Sportwissenschaftlern (Mäuerle, 2006, S. 44, 59).
- Die Probanden konnten sich die Einheiten pro Woche selber Einteilen, sofern sie sich an die vorgegebene Regenerationszeit von einem Tag hielten (Mäuerle, 2006, S. 58).
- Ziel der Ausdauertrainingsgruppe war die Verbesserung der aeroben Kapazität der Grundlagenausdauer (Mäuerle, 2006, S. 59).
- Trainingsablauf (Mäuerle, 2006, S. 59-60):
  1. Woche 1-4: 3x40min/Woche Training nach der Dauermethode inklusive Auf- und Abwärmphase.
  2. Woche 5-8: 3x50min/ Woche Training nach der Dauermethode inklusive Auf- und Abwärmphase .

- Die 42 Probanden wurden in zwei Gruppen eingeteilt:
  1. Ausdauertrainingsgruppe
     (22 Teilnehmer, 12 Frauen & 10 Männer)
  2. Krafttrainingsgruppe
     (20 Teilnehmer, 16 Frauen & 4 Männer)

Im Kontext der Aufgabenstellung wird ab dieser Stelle überwiegend auf die 1. Gruppe Bezug genommen.

- Zu Beginn und am Ende der Intervention wurde eine detaillierte ärztliche Untersuchung aller Teilnehmer durchgeführt. Hier wurden anthropometrische, biometrische und motorische Parameter erhoben (Wagner, 2019, S. 43).
- Die Dauer der Studie betrug ein Jahr (Wagner, 2019, S. 43).
- Um die Leistungsfähigkeit der Teilnehmer zu ermitteln absolvierte die Ausdauertrainingsgruppe den fahrradergometrischen Stufentest PWC (Wagner, 2019, S. 46).
- Insgesamt hat jeder Teilnehmer 39 Trainingseinheiten pro Jahr absolviert. Pro Woche standen eine spezielle Sporteinheit der Einrichtung (60min) und eine Sporteinheit Kraft- oder Ausdauer (60min) auf dem Plan (Wagner, 2019, S. 38).
- Das Ausdauertraining fand als Hallensport und als Ergometertraining unter standardisierten Bedienungen statt. Die Testpersonen trugen während der gesamten Trainingseinheit einen Herzfrequenzmonitor. Die Belastungssteuerung erfolgte über die BORG-Skala (subjektives Empfinden des Anstrengungsgrades 12-13) und die Herzfrequenz (60-75% des Hf_{max}) (Wagner, 2019, S. 52-53).

Um die anschließende Auswertung nicht zu verfälschen sollte an dieser Stelle erwähnt werden, dass während der Studie außerdem weitere Interventionsmaßnahmen wie Schulungen im Bereich Ernährung und Verhalten durchgeführt wurden (Wagner, 2019, S. 38).

3. Woche 9-16: 2x60min/ Woche Training nach der Dauermethode inklusive Auf- und Abwärmphase. 1x30min/ Woche Training nach der extensiven Intervallmethode inklusive Auf- und Abwärmphase.

Ergebnisse

- Nach Auswertung der Testergebnisse konnte bei der Ausdauergruppe im Mittel eine signifikante Veränderung verschiedener Parameter festgestellt werden. Unter anderem wurde eine hochsignifikante Reduktion des Taillenumfanges von 109,4cm auf 106,6cm gemessen. Die Nüchternglukose stieg von 109mg/dl auf 113mg/dl. Der systolische Blutdruck der Probanden wies einen Rückgang von 138mm/Hg auf 131mm/Hg auf. Auch der Insulinspiegel reduzierte sich von 15,3mU/l auf 12,4U/l. Bezüglich des HOMA Indexwertes konnte eine Reduktion um 19% von 4,3 auf 3,5 festgestellt werden. Außerdem stieg das Adiponektin der Ausdauergruppe um 8% von 6,2µg/ml auf 6,7µg/ml und das Resistin um 16% von 4,5ng/ml auf 5,2ng/ml (Mäuerle, 2006, S. 71,86,90-94).
- In Zusammenhang mit der Ausdauerleistungsfähigkeit konnte eine Verbesserung der maximalen Sauerstoffaufnahme um 27% von 2,6l/min auf 3,3l/min gemessen werden. Die maximale Wattleistung bei Belastungsabbruch konnte um 20% von 178W auf 214W gesteigert werden (Mäuerle, 2006, S. 99).

- Insgesamt verbesserte oder stabilisierte sich der BMI-SDS im Jahresverlauf bei 72,27% der Teilnehmer der Ausdauergruppe (Wagner, 2019, S. 76). „Diese Ergebnisse gelten als Therapieerfolg nach AGA-Richtlinien (AGA 2015) bzw. nach den konsensbasierten (S2) Leitlinie." (Wagner, 2019, S. 125)
- Auch der zu Beginn ermittelte Taille-Größe-Index verringerte sich bei 59,09% der Teilnehmer (Wagner, 2019, S. 77). Tendenziell war eine Verbesserung des LDL Cholesterins der Ausdauergruppe von 2,35 ± 0,78 mmol/l auf 2,15 ± 0,64 mmol/l erkennbar. Ähnliches konnte bei den Serumtransaminasen gemessen werden (Wagner, 2019, S. 83).
- Am Ende der Intervention konnte eine durchschnittliche Verbesserung der Ausdauerleistungsfähigkeit um 14,69% festgestellt werden (Wagner, 2019, S. 99).

Schlussfolgerung

- Ausdauerorientierte Interventionen für adipöse Menschen scheinen einen positiven Einfluss auf Insulinresistenzen und die Adipokine Leptin, Adiponektin und Resistin zu haben. Auch die Insulinsensitivität, welche bei adipösen Menschen oft gering ist, kann durch ein Ausdauertraining verbessert werden (Mäuerle, 2006, S. 101-102).
- Ausdauertraining führt zwar kaum zu einer Veränderung der Körperkomposition, hat dafür aber einen Blutdrucksenkenden Effekt (Mäuerle, 2006, S. 110,114).
- Mit Hilfe von Ausdauertraining kann eine ökonomischere Herz-Kreislauf Regulation erreicht und das kardiovaskuläre Risikoprofil gesenkt werden (Mäuerle, 2006, S. 122).

- Ausdauertraining hat eine nachweisbar positive Wirkung auf den BMI und weitere anthropometrische Parameter adipöser Menschen (Wagner, 2019, S. 125).
- Es ist äußerst empfehlenswert ein Ausdauertraining als Teil einer Adipositastheraphie zu implementieren (Wagner, 2019, S. 125).
- Die Reduktion der Taille-Größe-Verhältnisses kann durch ein Ausdauertraining erreicht werden und somit kardiovaskulären Folgeerkrankungen wie einer Insulinresistenz entgegenwirken (Wagner, 2019, S. 127).
- Ausdauertraining führt also zu einer Verbesserung der metabolischen Parameter und senkt das kardiovaskuläre Risiko (Wagner, 2019, S. 132).
-

5 Literaturverzeichnis

ACSM. (2006a). *ACSM's Guidelines for Exercise Testing and Prescription (6. Aufl.)*. Philadelphia: Williams & Wilkins.

Gallagher, D., Heymfield, S., Heo, M., Jebb, S. A., Murgatroys, P. R., & Sakamoto, Y. (2000). *Healthy percentage body fat ranges: an approach for developing guidelines based on body mass index*. American Journal of Clinical Nutrition.

Hottenrott, K. (2006). *Trainingskontrolle mit Herzfrequenz-Messgeräten (1. Aufl)*. Aachen: Meyer & Meyer.

IPN. (2004). *IPN-Test® – Ausdauertest für den Fitness- und Gesundheitssport*. Köln: IPN.

Löllgen. (2009). *Definition - Ergometrie*.

Mäuerle, S. (2006). *Adipokine in Abhängigkeit von Körperkomposition und Fettgewebsdistribution bei Adipositas : eine sportmedizinische Wirkanalyse von Kraft- vs. Ausdauertraining*. Bielefeld: Universität Bielefeld.

Neumann, G., & Hottenrott, K. (2002). *Das große Buch vom Laufen*. Aachen: Meyer & Meyer.

Neumann, G., Pfützner, A., & Berbalk, A. (2007). *Optimiertes Ausdauertraining (5., überarb. Aufl.)*. Aachen: Meyer & Meyer.

Ott, M. (2005). *Metabolische Effekte einer sechsmonatigen, ausdau-erorientierten Trainingsintervention auf Parameter des kardiovaskulären Risikoprofils bei übergewich-tigen Männern über 50 Jahre*. Köln: Diplomica Verlag GmbH.

Reim, F. (2001). *Kardiopulmonale, metabolische und subjektive Beanspruchung beim gesundheitsorientierten Ausdauertraining an unterschiedlichen Indoor-Cardiogerä- ten (Berichte aus der Sportwissenschaft). Zugl.: Bayreuth, Univ., Diss*. Aachen: Shaker.

Rost, R. (2002). *Lehrbuch der Sportmedizin*. Deutscher Ärtze-Verlag.

Springer. (2005). *Die Ergometrie*. Wien: Springer-Verlag.

Wagner, M. (2019). *Effekte von Ausdauer- und Krafttraining auf anthropometrsiche, metabolische und motorische Parameter bei adipösen Kindern und Jugendlichen innerhalb eines einjährigen Adipositas-Therapieprogramms Eine Machbarkeitsstudie*. Leipzig: Universität Leipzig.

Weineck. (2003). *Ausdauertraining. Trainingssteuerung über die Herzfrequenz- und Milchsäurebestimmung*. Balingen: Spitta Verlag GmbH & Co. KG.

WHO. (2000). *Obesity: Preventing and Managing the Global Epi- demic - Report of a WHO Consultation.* The Stationery Office Books (Agencies).

Zintl, F., & Eisenhut, A. (2001). *Ausdauertraining. Grundlagen Methoden Trainingssteuerung (5. überarb. Aufl.).* München.

6 Abbildungs- und Tabellenverzeichnis

6.1 Abbildungsverzeichnis

6.2 Tabellenverzeichnis